AF542093

MÉMORIAL

D'UNE

FAMILLE NORMANDE

1715-1791

PAR

FLORENT RICHOMME

FALAISE

SALLE, LIBRAIRE-ÉDITEUR

—

1865

MÉMORIAL

D'UNE

FAMILLE NORMANDE

Cette édition de ma Biographie de notre aïeul, appartient à mon cousin M. Joriaux, qui en a fait les frais.

Elle est tirée à 130 exemplaires, dont 25 sont un tirage pour l'un de mes frères. Un exemplaire sera remis à la Bibliothèque de Falaise, à celle de la ville de Caen, à la Bibliothèque de l'Académie de Caen et à celle de la Société des Sciences et Arts de la Sarthe.

MÉMORIAL

D'UNE

FAMILLE NORMANDE

1715-1791

PAR

FLORENT RICHOMME

FALAISE

SALLE, LIBRAIRE-ÉDITEUR

1865

A Monsieur Edouard Joriaux,

Négociant à Paris.

Je devais, cher Cousin, vous dédier cette biographie, composée par votre impulsion et avec votre encouragement. La science du Droit, puis des fonctions de Magistrature accomplirent, dans le siècle passé, la promotion de notre ligne paternelle, pour vous la ligne maternelle.

La génération actuelle s'est ressentie du trouble apporté dans les destinées par la révolution qui a absorbé le dix-huitième siècle. Mais l'Industrie et le Commerce sont devenus dans le nôtre deux éléments de prospérité renaissante.

J'ai vu revivre en vous, mon cher Cousin, d'heureuses qualités du chef de notre famille, François Richomme, notre Bisaïeul : son activité persévérante, son assiduité à un travail incessant, son esprit d'ordre et de conduite, sa droiture de caractère.

Ainsi une seconde période de mérites et de succès a recommencé par une branche de notre famille. Vos travaux en formeront la date, et c'est votre nom qui sera attaché à cette rénovation.

Veuillez agréer l'expression cordiale de ma sincère affection.

RICHOMME, aîné.

MÉMORIAL

D'UNE

FAMILLE NORMANDE

1715-1791

Durant quelques jours que je passai, en septembre 1829, chez M. de Chênedollé, dans son habitation située sur la commune de Burcy, arrondissement de Vire, il m'apprit que le nom de ma famille subsistait encore dans cette paroisse rurale; et nous pensâmes que la famille Richomme devait en être originaire. Mais le plus ancien document que je possède, indique la position de nos parents déja loin de ce point de départ. L'un de nos aïeux avait sans doute depuis longtemps dételé sa charrue, et sa famille avait acquis droit de Bourgeoisie à Vire, petite ville renommée dans la province et où l'esprit gaulois, imbu de la civilisation latine, avait conservé sa sève indigène.

ORIGINES. — Le premier Richomme que je puis mentionner avec ce document authentique est le père de notre Bisaïeul; il fut procureur au Baillage. Son fils hérita d'une maison rue aux Febvres, qu'il vendit à Jeanne Richomme (sa tante) le 29 novembre 1741.

L'acquêt de cette demeure remonte à Jean Richomme qui l'acheta des dames Ursulines, de Vire, par acte d'Enault, tabellion, en 1670. — Une transaction avec un voisin, au sujet des eaux et fenêtres, nous apprend l'existence de Charles Richomme, la dernière année du 17e siècle.

Jacques Richomme, procureur, laissa orphelin son fils unique. Il avait obtenu l'alliance d'une famille distinguée dans la bourgeoisie de Vire, les Duchastellier. Telle est l'opinion que l'on conçoit en voyant les deux frères, de ce nom, fixés à Paris, dans la première moitié du XVIIIe siècle; l'un des deux ayant le titre et l'emploi de greffier du Châtelet, et le frère veuf, aïeul maternel de notre bisaïeul, vivant avec son frère.

L'acte que j'ai cité est le testament du grand-oncle maternel de notre bisaïeul. Je le copie sur l'original: il doit servir d'introduction à l'histoire de la famille.

« Au nom du Père, du Fils et du Saint-Esprit. — Jay Jacques du Chastellier, greffier au Chastelet de Paris et des audiances du parc civil et présidial du dit Chastelet, demeurant à Paris, rue Saint-Bon, paroisse de St-Merry; étant en bonne santé de corps et d'esprit, mémoire, jugement et entendement; ainsi qu'il a plu à Dieu me l'accorder et conserver ; je déclare, veux et entends par mon présent testament, qu'attendu que sieur *François Richomme*, *fils de défunt Me Jacques Richomme*, vivant *procureur* ès sièges royaux de la ville de Vire, et de *défunte damoiselle Françoise du Chastellier, sa femme*, est par leurs déceds, resté orphelin dès sa jeunesse, que le dit sieur François Richomme vienne à ma succession future ; avec et conjointement par égales portions, avec Damoiselle Anne du Chastellier, femme du sieur Pierre Porquet, marchand au dit Vire (*), et avec Damoiselle Marie du Chastellier, femme du sieur Charles Mahieu, employé dans les afaires du roy; mes nièces, et tantes du dit sieur Richomme ; à l'effet de quoi je rappelle le dit sieur Richomme, mon neveu, à ma dite succession future, nonobstant toutes coutumes, comme étant maître et libre de disposer en faveur de qui bon me semblera, et comme étant le dit sieur Richomme fils de la dite Damoïselle Françoise du Chastellier, ma nièce ainée; pour par le dit sieur Richomme disposer et jouir de son tiers qui lui reviendra après ma mort et celle de mon frère, en cas qu'il me survive ; à la charge et condition expresse que s'il décède sans postérité de légitime mariage, la dite part et portion reviendra et apar-

(*) Voir note A.

tiendra à ses tantes, enfans et descendans d'eux, de mon costé et ligne... Comme aussi je déclare que si les sieurs Porquet, Mahieu, leurs femmes ou leurs enfants veuillent contester ce que dessus, qu'ils seront et demeureront exclus et n'auront aucune part dans ma dite succession qui appartiendra en entier au dit sieur Richomme; car ainsi est ma volonté et mon testament que j'ai écrit et signé de ma main, pour être exécuté de point en point selon sa forme et teneur; comme y ayant fait toute atention et meurement réfléchi. Fait à Paris, ce samedi 27e septembre *mil sept cent trente huit.*

Du Chastellier.

Son frère aîné, aïeul maternel du jeune François Richomme, fit un acte pareil en faveur de son petit-fils. J'en donne un résumé complet. (*Voir la note B.*)

Je passai une partie du mois de septembre de l'année suivante (1830) à Vieuxpont, dans la Vallée d'Auge, chez la sœur de mon père; je recueillis ses souvenirs et traditions de famille, sous sa dictée, et sur une feuille que j'ai précieusement conservée. J'ai reconnu que ses souvenirs étaient exacts, en les conférant avec les actes et les lettres qui, depuis, sont devenus le fruit de mes recherches et le sujet d'une longue étude.

Notre Bisaïeul. — Nous avons trouvé le nom de deux Richomme antérieurs au père de notre bisaïeul. Notre Biographie commence à celui-ci. Une note inscrite, de sa main, sur le carton de son portrait, énonçait qu'il fut peint le 16 janvier 1750, ayant alors trente-quatre ans et sept mois. Ma tante affirmait que son aïeul vécut encore quatre ans après son mariage; or, son contrat de mariage est du 25 octobre 1787. De ces deux renseignements on peut inférer qu'il serait né en août 1715, et mort en 91, à l'âge de soixante-quinze ans.

D'après le dire de la sœur de mon père, notre bisaïeul, né à Vire, étant devenu orphelin, étudia dans une pension à Caen; ensuite il s'exerça à la cléricature. Selon l'une de mes notes, Charles Mahieu, mari de la fille cadette de François du Chastellier, et oncle maternel de François Richomme, était alors contrôleur à Falaise. L'établissement dans cette ville du chef de notre famille aura sans doute été déterminé par cette circonstance, et par l'importance et le renom du Baillage.

Un mois après le testament du grand-oncle, en 1738, et d'après l'indication énoncée dans un inventaire, François Richomme épousa demoiselle Suzanne Huet de la Croix. Le contrat fut passé devant Thomas, notaire à Falaise, le 31 octobre 1738. Notre bisaïeule était d'Athis, dans le Bocage. Sa sœur, Marie Huet, avait épousé le sieur de Saint-Loû, avocat au baillage de Falaise.

Ce fut alors qu'âgé d'environ vingt-trois ans,

François Richomme devint lui-même avocat dans ce baillage étendu et renommé. Au dire de ma tante, le mari et la femme n'avaient chacun que 150 l. de rente. Il allait plaider dans les juridictions; il donnait des avis et consultations.

L'acte que j'ai résumé (*Voir note B*) des dispositions testamentaires de l'aïcul maternel de notre bisaïeul, n'est qu'une copie sans date, mais contemporaine des deux frères. Je trouve sur une de mes notes, *à la date de* 1743, les héritiers du Chastellier recevant ces lots : Marguerite du Chastellier, alors veuve du sieur Mahieu; Pierre Porquet, bourgeois de Vire, pour ses enfants mineurs, nés d'Anne du Chastellier; et notre bisaïeul en possession du troisième lot, la maison, rue de la Foulerie, à Vire, et la terre des Forges, à Saint-Germain-de-Tallevende.

Un fils, Charles-Florent Richomme, notre aïeul, naquit le 26 février 1744. Ses parents demeuraient sur la paroisse Trinité. Les époux étaient économes : Mme Richomme, au dire de ma tante, filait et vendait sa toile. Je lis sur une note autographe : Contrat d'acquêt par le sieur Richomme, avocat, d'une maison sise à Falaise, Basse-Rue, des demoiselles Morin, le 25 juillet 1750.

Quatre ans après, il ajouta à cette acquisition de la maison des demoiselles Morin, celle de la maison contiguë, dans l'intention de reconstruire le tout; ce qu'il exécuta en 1756. (*Voir note C, un précis du contrat d'acquêt.*)

Aussitôt que le fils unique eut atteint sa majorité, et avant même qu'il eût obtenu le titre d'avocat, l'estime que le père avait acquise alors, par son savoir, son caractère et son talent, facilita à Charles-Florent un mariage auquel toutes les convenances faisaient présager un heureux avenir.

Je vais reproduire *les accords* de ce mariage, qui furent dictés à son fils. Je transcris sur l'original. (*Voir la note D.*)

Par ces *accords*.... les sieur et dame Richomme, père et mère, s'obligent de recevoir les sieur et demoiselle futurs, chez eux, avec bonté, affection et tendresse; les loger et nourrir, eux et les enfants qui naîtront du mariage; comme aussi d'entretenir ledit sieur, comme il a ordinaire d'être; et d'avoir une domestique de plus au service desdits futurs et de la maison; et de leur donner pour logement la maison qu'occupe aujourd'hui le sieur de la Loë; laquelle consiste en une cuisine, un salon de compagnie, office, cave dessous, chambre, cabinets et greniers, plus un bûcher, place à un cheval dans l'écurie, droits de puits et de commodité, avec la partie du jardin régnante le long de la voie qui conduit au bûcher; — pour, en cas d'incompatibilité, par les sieur et demoiselle futurs, jouir de ladite maison et appartenance : auquel cas d'incompatibilité les parents s'obligent à leur fournir ou payer la somme de six cents livres, par chacun an, en deux payemens. Si mieux n'aiment lesdites parties déléguer ou demander des délégations de fermes et rentes, jusqu'à concurrence des 600 livres.

Tout était prévu dans ces conventions avec la prudence de l'homme de loi et la bonté du père de famille.

La maison paternelle pouvait ainsi se diviser pour deux ménages. — Elle devint, dans son ensemble, l'héritage de mon père. Mes frères, ma sœur et moi, l'aîné, nous y sommes nés et nous y avons été élevés. Longtemps après la perte de notre père, elle a été acquise par un ancien juge de paix, qui y est mort, et elle a repassé en d'autres mains. Moi-même je rachetai, et j'ai habité quelques années, puis j'ai revendu à ma sœur la portion de maison décrite dans les Accords ci-dessus et qui avait été le domicile de mon aïeul, Charles-Florent.

Depuis la fin du XVIIIe siècle, dans notre société constamment mobile et agitée, où l'homme ne jette plus de racines dans le sol toujours mouvant, heureux celui qui a la possession viagère de son habitation.

Mademoiselle Charlotte Davois, de Villers, avait vingt ans; ayant perdu son père en bas âge, elle avait été élevée chez les Ursulines de Falaise, et elle en sortait pour se marier.

M. Davois, procureur, avait partagé la tutelle avec la mère, Charlotte Capelle, qui s'était remariée à M. Lemasson, de Leffrie, et était marchande de quincaillerie

Sa fille était héritière de la fortune de son père ; elle apportait en mariage une valeur de soixante mille livres en terres, les unes situées à Villy, à Ouilly-le-Tesson ; elle possédait la ferme du Montbouin, laquelle n'a été aliénée qu'en 1809, au prix de vingt mille francs, et une autre ferme de quarante acres, à Pôtigny, où notre tante fut élevée jusqu'à l'âge de quatre ans.

Ce n'était point une vaine parole que cet engagement d'affection et de tendresse envers sa fille adoptive, exprimée dans les Accords par cet homme consciencieux et bon. Dès les premiers mois de son union, Marie-Charlotte trouva un appui dans l'active vigilance de son beau-père.

En effet, Charles-Florent devait acquérir le titre de Licencié et soutenir une thèse de Droit français, à l'Université de Caen. Le père le plaça comme pensionnaire, pour quelques semaines, chez M. de la Motte-Ruelle, ancien juge consul, faubourg l'Abbé. Ces semaines devenaient des mois.

Dans son avant-dernière lettre à son fils, avec un envoi d'argent pour les Thèses, M. François Richomme lui recommandait de travailler le plus diligemment qu'il pourra, *afin de se tirer* de Caen, « et que l'on ne dise point dans le monde « que tu préfères Caen à Falaise. Tu nous man- « deras un seul mot pour nous apprendre quand

« tu auras soutenu ta première thèse. Ce sera à « ta petite femme qu'il faudra écrire. Je t'excuse « pour moi-même, pourvu que tu lui écrives. »

J'ai une lettre d'elle à son mari ; elle est candide et tendre, avec quelques mots de douce raillerie.

Enfin, le 19 juillet, arriva la promesse du retour, pour le soir même, du soutien de la thèse. — « On lui enverra la jument de Duval, que l'on « fera partir le mardi, de grand matin... Il t'at-« tendra à Caen. Nous t'attendons, sans plus de « délai, mardi. » Et le bon légiste ajoutait, en terminant sa lettre : « Ta femme a maigri par « ton absence. » Dans cette ligne, il avait omis un mot : « *Le chagrin causé* par ton absence. »

Sur l'année suivante, 1766, je lis avec une pieuse émotion la naissance du meilleur des hommes.

« *Extrait du Registre de baptême de l'église Sainte-Trinité :*

« Ce 12 du présent mois de juin, a été baptisé par moi, vicaire soussigné, François-Charles, né du légitime mariage de M. Charles-Florent Richomme, avocat au parlement de Paris, exerçant au baillage de Falaise, et de dame Marie-Magdeleine-Charlotte Davois, son épouse, de cette paroisse. Le parein M. François Richomme, avocat, et la mareine dame Charlotte Capelle, épouse du sieur Lemasson de Leffris, qui ont signé avec nous. Hauton, *vicaire.* »

Dans sa correspondance, une cliente, supérieure des Carmélites d'Amiens, félicitait M. Richomme père, en juin 1767, du titre de Conseiller récemment acquis à son fils. Il était plus facile de remplir la fonction de Conseiller au Baillage, que de devenir, comme avocat, l'émule de son père. En effet, le nom et la réputation de François Richomme, syndic des avocats, n'ont été effacés depuis 1790, dans la mémoire des habitants de Falaise et du pays, que par le mérite d'un seul jurisconsulte, M. Edouard Blâcher.

Dans le cours des deux années suivantes, notre aïeule donna le jour à une fille, Suzanne-Charlotte, puis à Pierre Richomme.

Notre bisaïeule, Suzanne Huet, mourut à l'âge de cinquante-cinq ans. Cet événement dut avoir lieu après 1770.

En mai 1760, François Richomme avait acquis de Langevin, bourgeois de Falaise, par contrat de Loriot, notaire, « une maison réduite en « masure, en partie, avec une étable et une salle « à côté, servant de four, avec chambres et gre- « niers dessus; plus deux autres étables réduites « en masure, avec la cour servant de mare à « fumier » Cette acquisition comprenait plusieurs pièces et portions de terres labourables, plantées d'ormeaux et poiriers, closes de haies et fossés, et situées sur Martigny; — pour le prix de 2,250 fr.

Ce fut sans doute après son veuvage que notre bisaïeul fit reconstruire la moitié de cette petite ferme qu'il avait acquise à Noron, près Falaise, pour s'y créer une maison d'habitation rurale et d'agrément. Il orna son enclos d'un bosquet de charmille, de deux avenues d'ormeaux, dont l'une aboutissait à la belle fontaine de Fresgis; puis, en 1778, il y fit placer plusieurs petites statues en pierre. Ce fut à un sculpteur de Caen, nommé Provost, qu'il confia ce travail. J'ai trouvé un reçu de lui, de 87 livres, « pour la moitié des « ouvrages auxquels je travaille pour le sieur « Richomme. Août 1778. »

Madame Richomme eut deux sœurs nées du second mariage de sa mère avec M. Lemasson de Leffris. L'une se maria. L'autre se nommait Ursule. Enfant, je l'ai connue dans un état voisin de l'indigence. Notre père lui donna des secours et une chambre dans la maison qu'il acheta à côté de la sienne.

Je trouve dans une lettre de sa mère, en novembre 1777, un dernier vestige de l'existence sitôt moissonnée de Madame Marie-Charlotte Richomme. Elle conduisit à Caen, sa sœur Ursule de Leffris; elle avait avec elle sa fille Suzanne, âgée de dix ans; ce fut sans doute son unique voyage.

Ma tante avait onze ans, me dit-elle, lorsqu'elle

perdit cette tendre mère; ce qui doit porter la date funèbre à la fin de l'hiver 78-79. Elle mourut à l'âge de *trente-trois ans*, après *six mois* de maladie.

Quoique veuf lui-même, sexagénaire et d'une santé déjà altérée, le grand-père prit aussitôt dans sa maison les deux plus jeunes enfants : Pierre n'avait que dix ans. L'aîné resta dans celle du père.

L'orpheline trouva ainsi chez son aïeul les soins attentifs d'une fidèle domestique. Celle qui, au terme des Accords, dut entrer au service de la nouvelle famille, y était en effet dès l'année 65, et elle n'a jamais quitté son vieux maître. Elle se nommait Louise Houillier; elle était Bocaine (de Lougé).

Notre tante, élevée chez son aïeul, reçut l'instruction chez les dames Ursulines. Sa mémoire, dont l'isolement de la campagne avait ravivé les impressions, lui retraçait fidèlement, dans sa vieillesse, celles de son adolescence chez son grand-père. Mais tout se résumait pour elle dans le tableau de cette vie si laborieuse et si honorée de l'aïeul; dans nos entretiens, elle se le figurait encore dans la grande chambre tendue d'une tapisserie en toile peinte. C'était l'œuvre d'une Anglaise qui y avait peint plusieurs fables de Lafontaine. Comme cette chambre devint celle de mon père, j'ai aussi, dans mon enfance, contemplé ces paysages, animés par les scènes du

Renard et la Cigogne, le Renard et le Corbeau, la Grenouille et le Bœuf, le Cerf se mirant dans l'eau. La chambre s'éclairait sur la cour et le jardin, au levant. Une table de marbre, près de son lit, occupait l'intervalle entre l'alcôve et la cheminée. Cette chambre était son Étude. Il dictait à ses clercs ; il en a eu quatre à la fois. Sa bibliothèque de jurisprudence (conservée par mon père) était adossée à un cabinet dont la fenêtre était sur la rue. Mais sa mémoire lui épargnait souvent le soin d'ouvrir un commentaire de la Coutume ou un recueil d'Arrêts. Mon respectable ami, M. Fourneaux, m'a dit qu'il savait par cœur la Coutume de Normandie. Les degrés de l'escalier en pierre qui conduisait à ce sanctuaire du Droit et de l'Équité, s'étaient entamés sous les pas des nombreux consultants.

Dans les dernières années de sa vieillesse, il était sujet aux attaques de la goutte. Puis, à la fin de 1786, un grand et profond chagrin vint l'accabler inopinément, sans abattre son courage. Les peines et le tourment qui en résultèrent, l'affaiblirent ; et alors il ne conserva de sa clientèle que la direction des affaires de quelques familles nobles dont il avait la confiance.

Avant de fermer pour toujours le cabinet du célèbre avocat, je prie mon lecteur d'assister à l'une de ces dernières séances qu'il présidait, du collége des avocats de Falaise. Lisons le procès-verbal de la réunion du 19 décembre 1788 :

« Aujourd'hui, au cabinet de M. Richomme, syndic, se sont assemblés MM. les avocats du baillage aux fins de délibérer sur plusieurs chefs intéressants.

« Le premier au sujet des secours et des aumônes qu'il est à propos de donner aux pauvres, dans la nécessité pressante où ils se trouvent, tant par le défaut de travail que par la cherté du grain. Le collége décide qu'il sera fourni pour aumône la somme de 548 livres, laquelle sera portée lundi prochain à l'hôtel-de-ville par MM. Richomme, Blâcher, Lépine et Belleau.

« Le second concerne une lettre adressée au Collége, avec les Remontrances que MM. les avocats de Rouen ont faites au Roi, au sujet de la tenue des États. M. Blâcher est chargé de faire ses observations et un rapport.

« 3° M. Belleau, qui était destiné à faire les cérémonies de la Sainte-Yves, en demeure dispensé. »

« Aujourd'hui 10 février 1789, au cabinet de M. Richomme, syndic, se sont assemblés les avocats du baillage, aux fins de la réquisition de M. Décajeul pour l'établissement d'un bureau de charité..... Le collége a été d'avis qu'il n'est rien de plus utile pour le bien de l'humanité, pour anéantir la mendicité et dissiper l'oisiveté des pauvres, que d'établir un bureau général de charité, etc..... »

Les avocats signataires étaient Lépine, Angot

du Coisel, Foucher, Le Provost, Dehaussay, Le Quéru, Belleau, Davois de Kinkerville, Coffin, Mollet Dauval, Deslogettes, Laisné, Vincent, Henri de Larivière, Blâcher l'aîné.

J'ai fait allusion à un malheur qui, à la fin de 1786, vint frapper le cœur du vieil avocat; car son fils et ses enfants devaient en subir la déplorable influence. Son fils, le conseiller, s'était livré à un acte de violence en se défendant contre les recors d'un huissier qui voulait le saisir au corps pour le paiement d'une lettre de change. Je ne puis entrer dans l'exposé de ces faits qu'en donnant la parole à notre aïeul, dont les lettres et les écrits doivent être consultés et reproduits. Je mettrai alors en regard de quatre lettres que notre bisaïeul adressa à son fils, dans la première moitié de 87, celles de Charles-Florent à son père, écrites de Jersey, où il avait dû se réfugier. Ces lettres formeront une introduction à la biographie de notre aïeul et à la seconde partie de ce Mémorial.

Notre bisaïeul, dans sa quatrième lettre (28 juin 87), rend compte de l'inconduite du plu jeune fils, Pierre surnommé Dauville : ses violences et des actions coupables ne lui permettent plus de le conserver dans sa maison. « Je lui ai « promis un quart de mon revenu, pour ne pas « le voir chez moi, étant capable de tout. »

J'ai déjà noté, en octobre 87, le mariage de ma tante Suzanne-Charlotte qui, âgée de dix-neuf ans, épousa M. Julien Lainé, herbageur à Vieux-pont, dans la vallée d'Auge. Sa vie entière s'y est écoulée dans les habitudes rurales ; elle y demeurait depuis quarante-trois ans, lorsque j'ai recueilli ses souvenirs.

L'aïeul, avec le frère aîné, la conduisit dans sa nouvelle famille. L'an suivant, il envoya procuration de parrain pour tenir sa place au baptême de sa fille aînée, le 25 mars 1789.

Cette fille aînée se maria ; elle mourut encore jeune. — La seconde, douée d'un excellent naturel, a été la mère de notre cousin Joriaux. (*Voir note A e.*)

Dans la lettre que j'ai citée, l'aïeul rend témoignage de la bonne conduite du fils aîné. Voici celui de la sœur, quinze ans après la mort de son frère :

« Au départ de notre père pour Jersey, l'aîné se réunit aux deux autres enfants dans la maison de notre aïeul, puis il étudia à Caen ; il travailla dans le cabinet de son aïeul, peu assidûment. Cependant il fut aimé de lui, à la fin de sa vie. »

Mais, je dois le reconnaître, toute la sympathie du fils aîné était pour son père, avec lequel il avait vécu jusqu'à l'âge de vingt ans. Ses lettres à Jersey revèlent, avec une pleine sympathie, l'enthousiasme de la jeunesse et d'un bon cœur pour le père exilé.

Je lis dans une de ses lettres, le 16 avril 89, que le grand-père était encore souffrant d'une

fluxion de poitrine. « *Il croit* devoir son réta-
« blissement aux soins de Louisette. » — Et, à mon sens, ce n'était pas là une illusion. C'est qu'en effet les soins assidus, dévoués de la servante affectionnée au chef de la famille, depuis vingt-quatre ans, ont dû prolonger la frêle existence, soulager les infirmités et répandre les dernières lueurs de consolation sur les souffrances du noble vieillard.

Ainsi les dernières années de notre bisaïeul, sans être exemptes de sollicitudes, s'écoulèrent dans l'isolement d'affection de ses fils. Déjà, à cette époque, le fatal génie de la Révolution détournait les jeunes gens de la Vieillesse. Un grand mal des révolutions, qui sont des convulsions *sociales*, c'est de rompre la transmission de *la vie morale*, d'une génération à l'autre. Il se fait un temps d'arrêt, et les affections s'en ressentent : d'où les tristesses de l'isolement de ceux qui s'en vont, et qui meurent sans expansion dans des cœurs aimants et confiants.

Voici les derniers souvenirs de ma tante sur son aïeul : vers la fin de sa vie, il faisait de fréquents séjours dans sa maison de Noron, où sa fidèle servante l'accompagnait.

« Quand il se sentit malade, il se fit transpor-
« ter à Noron ; il y mourut et fut inhumé dans
« le cimetière qui entoure l'église. »

J'ai cité, relativement à son âge, une notice écrite par lui-même sur le carton de son portrait.

(*Voir note F.*) J'y lis que, depuis 1750, « il fut « Échevin de la ville de Falaise, élu Notable par « le collége des avocats et par les habitants de « la ville. Il devint Conseiller de la Commune, et « finalement Syndic du collége des avocats, dont « il fut le Doyen titulaire en 1784. » Il était encore Doyen des avocats à l'époque (août 1790) où les Baillages furent supprimés par l'Assemblée constituante. Notre bisaïeul, au bord de sa tombe, vit ainsi une législation nouvelle décomposer l'antique ordre social dans lequel sa vie s'était écoulée avec honneur. Ce fut pour lui comme un dernier signal de quitter sans regret un monde qui travaillait à se renouveler, mais qui, deux ans après, était en proie à une horrible crise de destruction.

NOTE Ac.

La mère de M. Joriaux, Catherine-Françoise Lainé, naquit le 18 mars 1791. Elle est décédée, il y a onze ans, le 16 décembre 1853.

En puisant dans ma correspondance, je peux ajouter ici à ces souvenirs de ma tante, aïeule de la famille Joriaux, le nom et l'année de naissance de ses petits-enfants, qui perpétueront sa mémoire ; je veux dire de la jeune et florissante génération dont M. Joriaux est l'heureux père. Voilà une branche issue de la souche des Richomme, qui renouvellera l'ancienne prospérité de notre famille. Je termine ces notes avec un pareil espoir : c'est que le bon exemple des vertus, donné par leurs parents, développera dans cette jeunesse les éléments de saine morale, et par conséquent de bonheur, et cette union fraternelle dont la piété filiale contient la promesse.

M. Louis-François-Edouard Joriaux est né le 19 mars 1815.

Il épousa Mlle Marie-Françoise-Virginie Balezeaux, qui est décédée le 10 décembre 1857, dans sa trente-sixième année. De ce mariage sont issus :

Mlle Marie Joriaux est née le 28 février 1847 ;

Ernest Joriaux, le 18 mars 1849 ;

Aline, le 27 juillet 1850;

Louis, le 1er février 1853 ;

Albert, le 3 novembre 1855;

Du second mariage avec Mlle Antoinette-Léontine Ducroquet, dont la naissance est du 1er février 1830, sont nées :

Mlles Louise Joriaux, le 1er novembre 1860,

Et Marguerite Joriaux, le 7 août 1863.

Marie est marraine de Louise, Ernest et Aline sont parrain et marraine de Marguerite.

NOTES

Note A.

Je donnerai, dans la seconde partie du *Mémorial*, une note sur un membre de cette famille, l'abbé Porquet, né à Vire.

Note B.

Me François du Chastellier, bourgeois de Paris, demeurant rue Saint-Bon, paroisse Saint-Méry; voulant garder une égalité entre ses enfants et petits-enfants, et désirant conserver entr'eux une union parfaite sans contradiction ni procès; fait déclaration par devant les conseillers du roy, notaires au Châtelet de Paris, qu'il donne, cède et abandonne au sieur François Richomme, son petit-fils, *seul enfant* de défunt Me Jacques Richomme, vivant procureur ès-siéges royaux de Vire, et de défunte demoiselle Françoise du Chastellier, fille dudit comparant et femme dudit sieur Richomme : 1° une maison en la ville de Vire, rue de la Foulerie; 2° la terre des Forges, en la paroisse de Saint-Germain-de-Tallevende, proche Vire; maison, ferme, terres labourables, plants, pray et jardin;

Pour en jouir comme propriétaire incommutable, aux charges d'entretenir ces biens en bon père de famille et d'acquitter tous droits seigneuriaux et rentes. — Les titres et contrats lui seront remis par le sieur Porquet, qui en est dépositaire.

A condition que lesdits biens ne pourront être vendus, aliénés ni engagés par ledit sieur Richomme; les fonds en étant destinés aux enfants à naître de lui, et à défaut, aux plus proches parents de sa défunte mère, par souche.

Le donateur se réservait, pour le cas imprévu où il se retirerait de Paris, son logement dans ces deux maisons, à Vire et à Tallevende. Cet acte contient de plus une clause de prévoyance, relative aux deux frères : pour le cas du décès du frère aîné (notre ancêtre) avant la mort de Jacques, le greffier, les héritiers ne pourraient troubler ni inquiéter ce dernier dans la jouissance des meubles, linge, lits, vaisselle d'argent et tableaux qui se trouveraient au jour du décès de François. Les deux frères s'étant fait raison de toutes choses jusqu'alors, François faisait remise au greffier et pour l'avenir, de tout compte, soit de rente, nourriture ou pension.

Dans le même acte, Jacques du Chastellier confirme son testament de 1738, en déclarant qu'il rappelle le sieur Richomme, son petit-neveu, à sa succession future, à l'égal de ses deux nièces.

Enfin les deux frères, chacun au droit soi, déclarent par le même acte, faire cession et remise au sieur Porquet et à sa femme, ainsi qu'aux époux Mahieu, de tout ce que ceux-ci pouvaient leur devoir : 1° le sieur Porquet en moules, meubles, outils, jouissance de terre et maison (à Vire), argent prêté et avancé pour eux; et à l'égard du sieur Mahieu et sa femme, pour argent prêté et sommes payées et avancées pour eux.

En cas que les trois cohéritiers auraient le moindre procès, querelle ou contestation ensemble, les remises ci-dessus expliquées n'auraient aucun lieu ni effet, *le présent acte n'étant que pour entretenir la paix et union dans une famille*.

Note C.

Août 1754, Sabine, notaire.

Le sieur Douesy, tanneur à Falaise, vend une petite maison et une portion de jardin, rue Basse, consistant en une petite boutique, derrière icelle un cellier, une allée à côté et une cour ; ledit jardin étant au bout du cellier et de la cour : le tout jouxte, d'un côté ledit sieur acquéreur, d'un bout la rue Basse, et d'autre les murs de la ville. — Le prix, 600 l., et 17 l. pour le *vin* du présent marché; sur lesquels il en a été consumé entre les parties la somme de cent sols, en arrêtant la convention du présent.

Note D.

Le 15 avril 1765,

Pour parvenir au mariage qui sera fait et célébré en face de la sainte Église catholique, entre le sieur Charles-Florent Richomme, bachelier en droit et se destinant à l'état d'avocat, fils du sieur François Richomme, avocat au parlement de Paris, exerçant au baillage de Falaise, et de dame Suzanne Huet, ses père et père, — et demoiselle Marie-Madeleine-Charlotte Davois de Villers, fille de feu Pierre Davois, sieur de Villers, vivant marchand, bourgeois de Falaise, et de dame Charlotte Capelle, ses père et mère, demeurant paroisse Saint-Gervais; après que lesdites parties se sont donné la foi de mariage, et du consentement de leurs père, mère et du sieur le Masson de Leffrie, beau-père de ladite demoiselle.....

Le futur a promis prendre ladite demoiselle avec tous ses droits qui lui appartiennent de la succession du feu sieur de Villers, son père; desquels ladite demoiselle future, autorisée desdits sieur et dame de Leffrie, a fait don mobil du tiers audit sieur futur, au cas qu'elle prédécède sans enfants.

De son côté, le futur promet plein douaire sur tous ses biens présents et à venir; et la chambre garnie attribuée à la future est estimée à trois mille livres.

Après la signature des parents précités, je note celles Davois, Huet de St-Loû, (veuve alors?) Capelle, Foucher-Capelle.

Note F.

Ce portrait me fut dévolu par nos parents, à l'héritage de mon père, comme à l'aîné des enfants mineurs Richomme. Je l'ai conservé longtemps, puis j'ai cru convenable de transmettre ce précieux dépôt à notre frère, M. Théodore Richomme, alors établi et fixé à Pont-l'Évêque.

CHATEAU-DU-LOIR. — IMPRIMERIE BOURGOUIN.

www.ingramcontent.com/pod-product-compliance
Lightning Source LLC
LaVergne TN
LVHW010406240826
846091LV00020B/2773